Lernlok

Lernlok

Mein Bild-Wörterbuch

Illustriert von Sonia Dilg

TESSLOFF

Liebe Eltern,

jeden Tag entdeckt Ihr Kind etwas Neues und möchte es in Worte fassen: Welche Tiere leben im Wald? Wer arbeitet auf der Baustelle? Welche Berufe gibt es?

Das Lernlok Bild-Wörterbuch begleitet Ihr Kind bei seiner sprachlichen Entwicklung vom Kindergarten bis in die Schulzeit hinein. Jede der 25 liebevoll illustrierten Doppelseiten behandelt ein Thema aus der unmittelbaren Erfahrungswelt Ihres Kindes und bietet vielfältige Beschäftigungsmöglichkeiten mit dem jeweiligen Thema.

Betrachten Sie doch am besten zuerst gemeinsam mit Ihrem Kind die farbenfrohen und detailreichen Bilder. Ihr Kind kann dabei erzählen, was es im Bild entdeckt. Die Wortkästen helfen bei der Benennung der abgebildeten Dinge und erleichtern so erste Leseschritte. Links unten auf jeder Seite steht ein kleiner Text, der einen engen Bezug zum Bild hat und Ihnen Erzählanreize an die Hand gibt. Rechts unten auf jeder Seite finden Sie Fragen und kleine Arbeitsaufträge für eine weiterführende Beschäftigung mit dem Thema der Seite. Ihr Kind wird ermuntert, von eigenen Erfahrungen zu berichten. So wird der neue Wortschatz geübt und für das eigene Erleben als bedeutsam wahrgenommen.

Mit ca. 750 Wörtern umfasst der Wortschatz dieses Buches nicht nur wichtige Substantive, sondern auch Verben und Adjektive.

Viel Spaß beim gemeinsamen Entdecken, Lesen und Erzählen!

Inhalt

Die Familie 4
Das Haus 6
Im Wohnzimmer 8
In der Küche 10
Im Kinderzimmer 12
Im Badezimmer 14
Im Garten 16
Essen und Trinken 18
Auf dem Bauernhof 20
Im Zoo 22
Im Wald 24
Am Strand 26
In den Bergen 28
Unser Körper 30
Beim Arzt 32
Unsere Kleidung 34
Berufe 36
Am Bahnhof 38
Auf der Baustelle 40
In der Stadt 42
Was Ida und Tom tun 44
Der erste Schultag 46
Gegensätze 48
Farben und Formen 50
Die Jahreszeiten 52
Wörterliste 54

Die Familie

Das ist die Familie von Ida und Tom. Heute ist ein besonderer Tag, denn Großmutter hat Geburtstag. Alle sind gekommen und wollen mit ihr feiern. Weißt du, wie alt Großmutter wird?

Hast du auch einen Bruder oder eine Schwester?
Wie heißen sie und wie alt sind sie?
Erzähle, wer noch zu deiner Familie gehört.

Das Haus

In diesem Haus wohnen Ida und Tom. Heute ist schönes Wetter und alle sind draußen. Was machen Ida und Tom gerade? Beschreibe, was die Eltern und Fips tun. Welche Hausnummer hat das Haus?

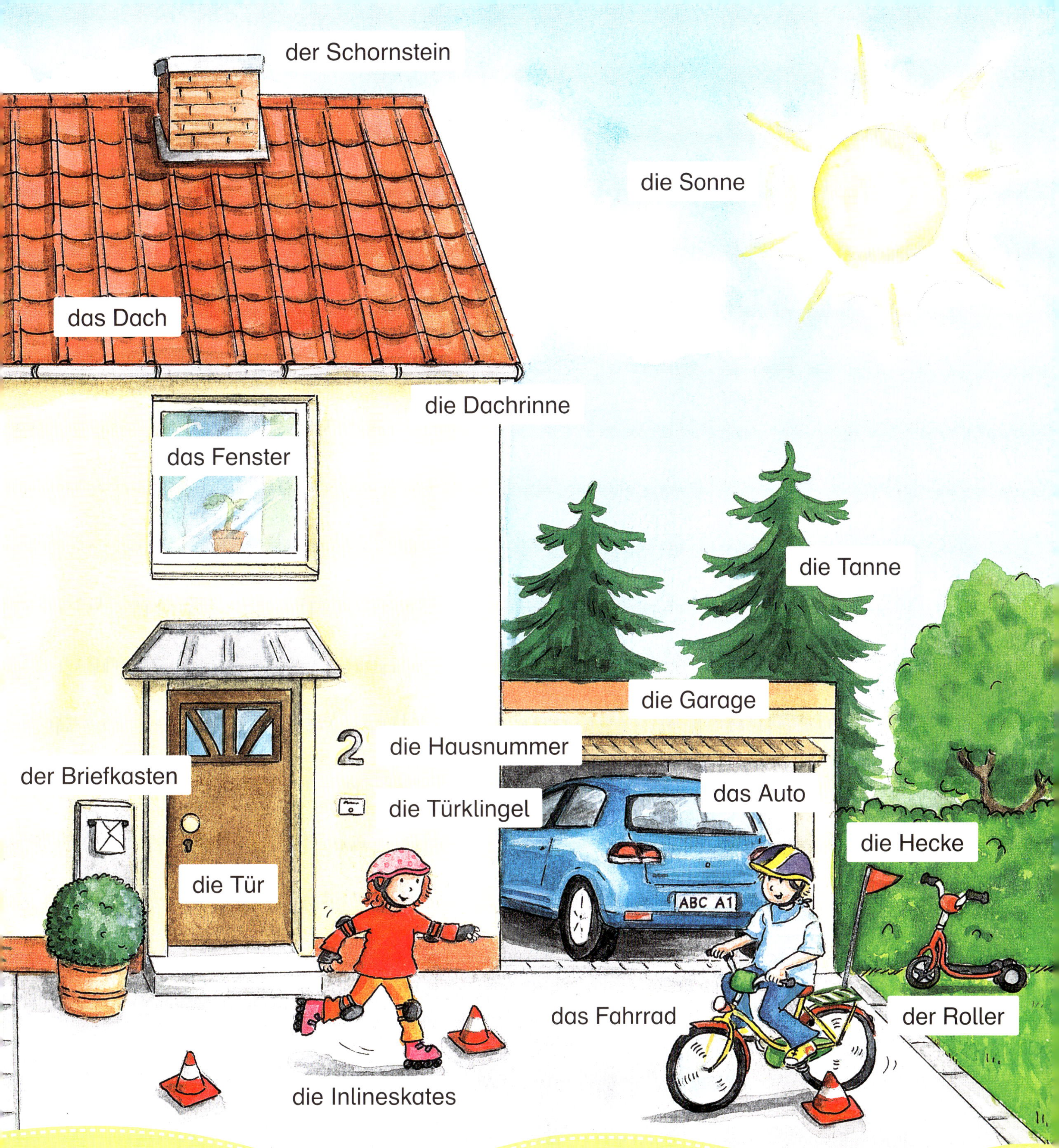

Wie sieht das Haus aus, in dem du wohnst?
Nimm dir ein Blatt Papier und male dein Zuhause.

Im Wohnzimmer

Ida und Tom verbringen mit ihren Eltern einen gemütlichen Nachmittag im Wohnzimmer. Tom und Ida spielen. Weißt du, was sie spielen? Und was macht Fips, der kleine Hund?

Erzähle, was du am liebsten im Wohnzimmer machst.
Wie sieht euer Wohnzimmer aus?

In der Küche

Lecker! Ida und Tom freuen sich schon auf das Mittagessen. Tom kann es kaum erwarten anzufangen. Beschreibe, was es zu essen gibt. Entdeckst du die Spülmaschine?

Was isst du besonders gern?
Hilfst du manchmal in der Küche?
Erzähle, wobei du schon helfen kannst.

Im Kinderzimmer

Tom und Ida spielen in ihrem Kinderzimmer. Sie haben viele schöne Spielsachen. Schau mal genau: Was kannst du alles entdecken? Findest du die Lernlok?

Wie sieht dein Kinderzimmer aus?
Womit spielst du am liebsten?

Im Badezimmer

Ida hat gerade gebadet. Die Badewanne ist noch voll Wasser und Schaum. Nun föhnt sie sich die Haare. Schau mal, was Fips macht. Und was macht Tom?

Was brauchst du alles zum Zähneputzen?
Wie sieht euer Badezimmer aus?

Im Garten

Heute ist die ganze Familie im Garten.
Wer macht was? Erzähle. Entdeckst du auch den Regenwurm?

Welches Obst isst du am liebsten?
Nimm dir ein Blatt Papier und male deine Lieblingsblume.

Essen und Trinken

Tom und Ida staunen: So viele leckere Lebensmittel zum
Essen und Trinken! Weißt du, wie sie heißen?
Was hat denn Fips da entdeckt?

Was isst du am liebsten zum Frühstück?
Welches Gemüse kennst du?

Auf dem Bauernhof

Wie schön! Ein Tag auf dem Bauernhof! Hier gibt es so viel zu entdecken! Erzähle, was Ida und Tom tun. Welche Tierkinder siehst du und wie nennt man sie?

Jedes Tier auf dem Bauernhof macht einen anderen Laut.
Kannst du die Tierlaute nachahmen?

Im Zoo

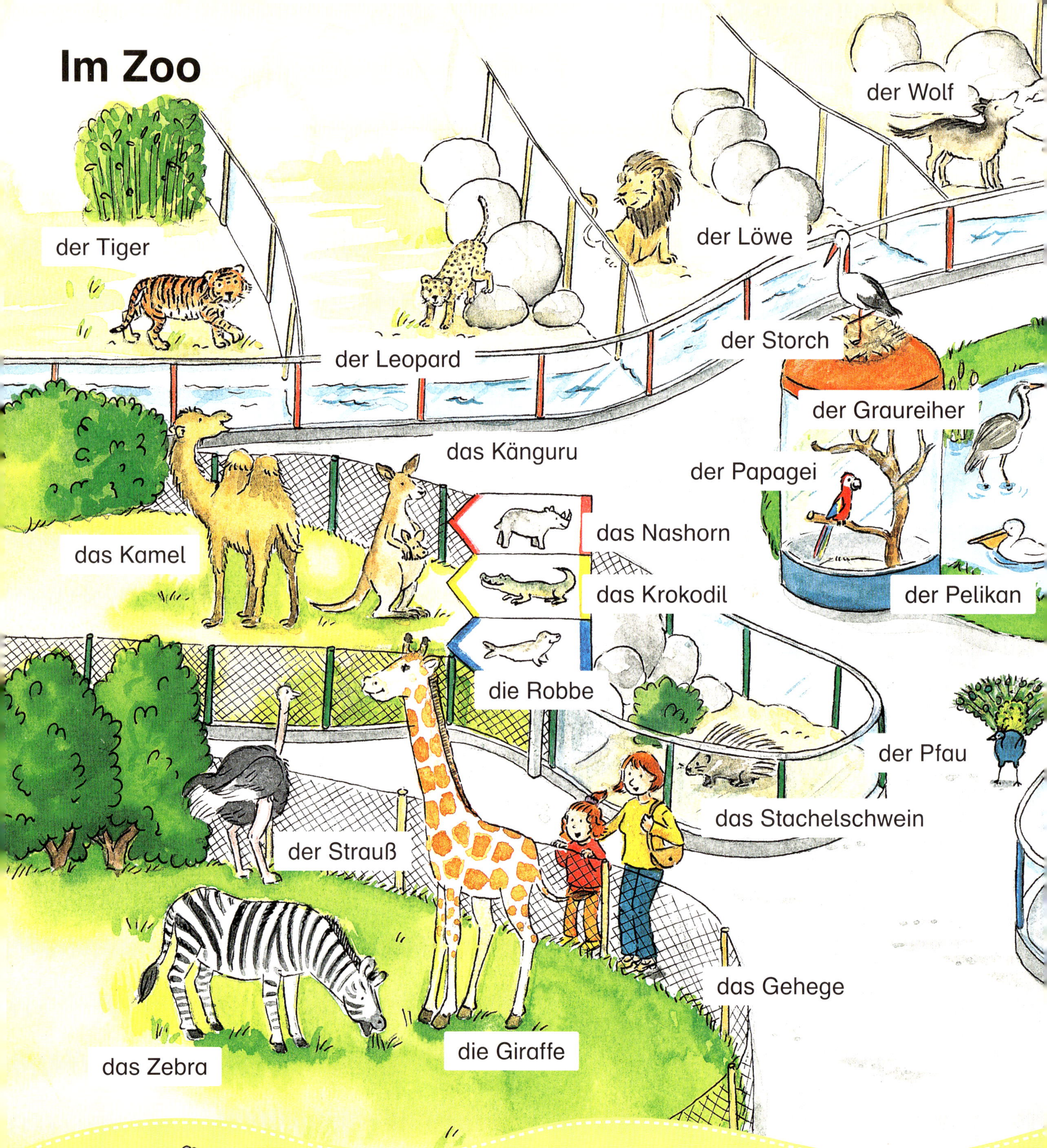

Ida und Tom freuen sich: Heute sind sie mit ihren Eltern im Zoo.
Welche Tiere sehen sie sich an?
Welches Tier wird gerade gefüttert?

Gibt es bei dir in der Nähe einen Zoo?
Welche Tiere leben dort?
Hast du ein Lieblingstier?

Im Wald

Im Wald ist viel los. Erzähle, was du alles siehst.
Weißt du, wo sich die Maus versteckt hat?

Welche Bäume kennst du?
Male dein Lieblingstier aus dem Wald.

Am Strand

Ida und Tom verbringen mit ihren Eltern einen Tag am Meer.
Es ist herrlich warm und alle tragen ihre Badesachen.
Erzähle, was du alles auf dem Bild entdeckst.

Weißt du, was eine Flaschenpost ist?
Frage deine Eltern, ob sie mit dir eine Flaschenpost schreiben.
Weißt du, warum es Leuchttürme gibt?

In den Bergen

Ida und Tom wandern mit ihren Eltern. Sie sind schon weit gelaufen. Gerade machen sie eine kurze Rast. Erzähle, was du alles siehst. Wie heißt das Tier, auf das Tom zeigt?

Bist du schon einmal mit einer Seilbahn gefahren?
Weißt du, was man in den Bergen im Winter tun kann? Erzähle.

Unser Körper

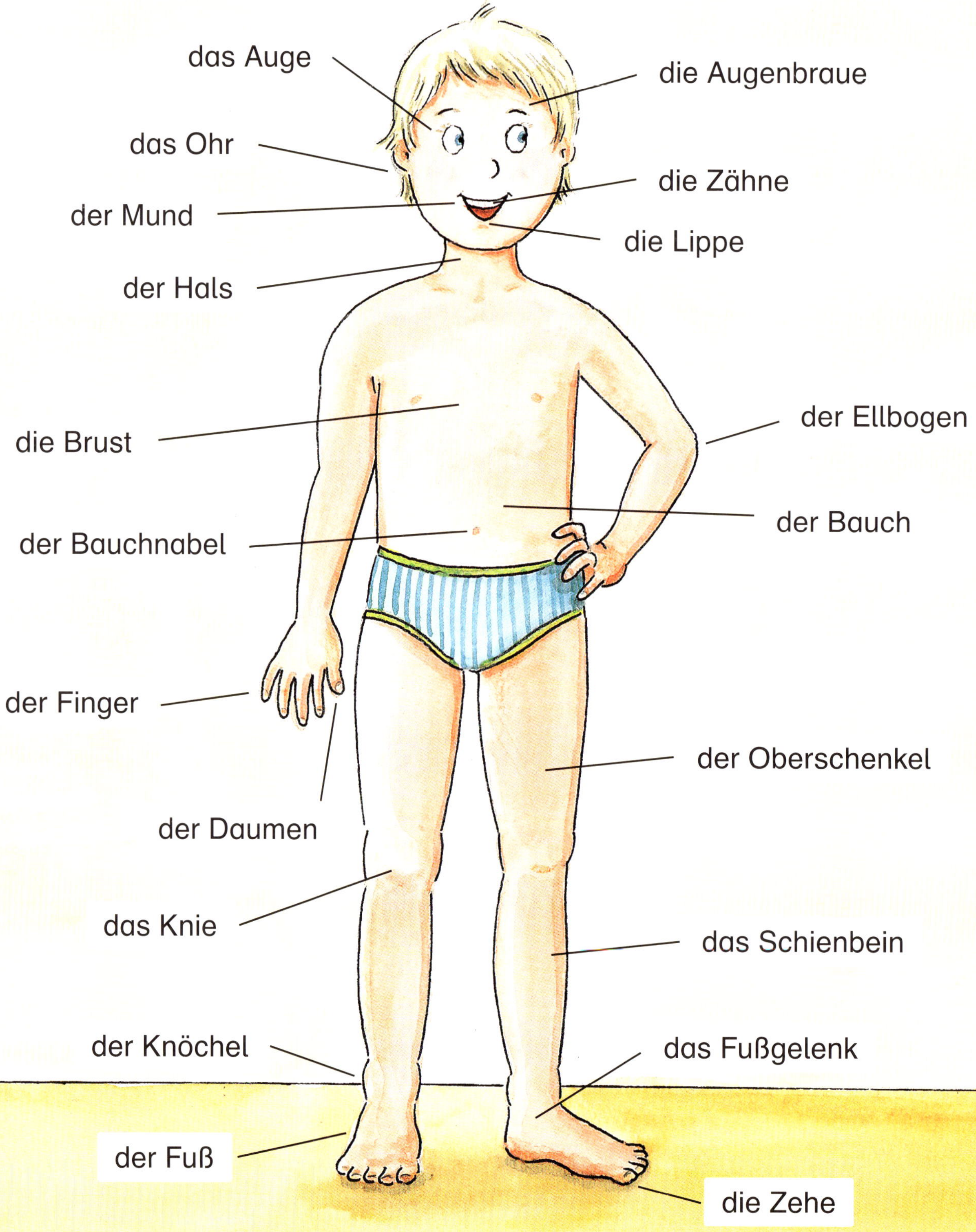

Tom und Ida haben sich ausgezogen. Tom siehst du von vorne und Ida siehst du von hinten. So kannst du alle Körperteile betrachten. Weißt du, wie sie heißen?

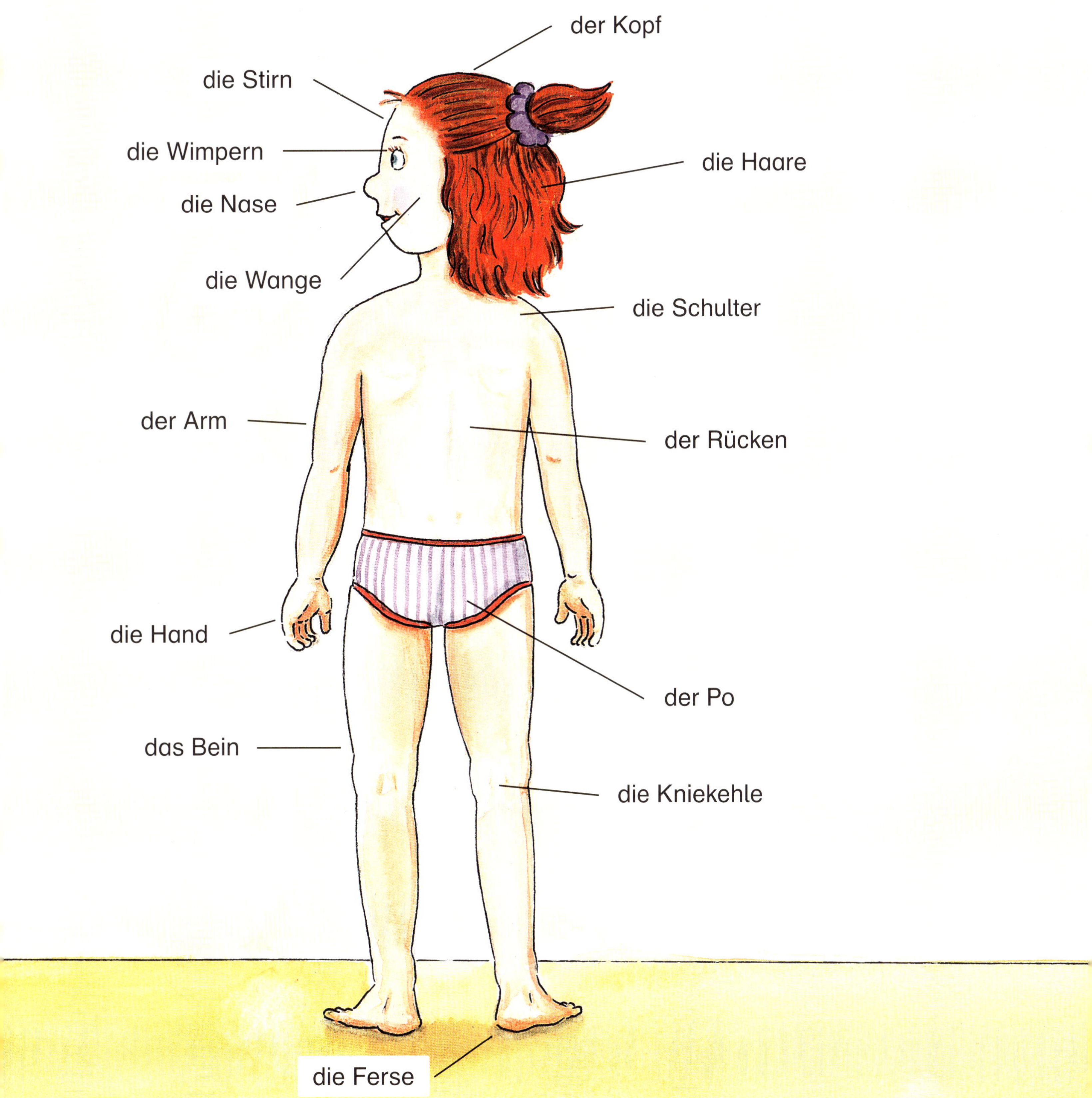

Mit den Ohren kannst du hören. Was kannst du mit den Augen und der Nase tun? Lass dir von deinen Eltern erklären, was die fünf Sinne sind.

Beim Arzt

Oh je! Tom ist erkältet. Im Wartezimmer der Kinderärztin ist es sehr voll. Warum sind wohl die anderen Kinder hier? Erzähle.

Sicher warst du auch schon einmal erkältet.
Erzähle, was dir guttut, wenn du krank bist.

Unsere Kleidung

Ida und Tom sind gerade aufgestanden. Ida überlegt, was sie anziehen soll. Kannst du ihr helfen?
Tom ist schon fast fertig. Was zieht er gerade an?

Es gibt viele verschiedene Kleidungsstücke. Weißt du, welche du im Sommer anziehen kannst und welche im Winter? Und was hast du heute an?

Berufe

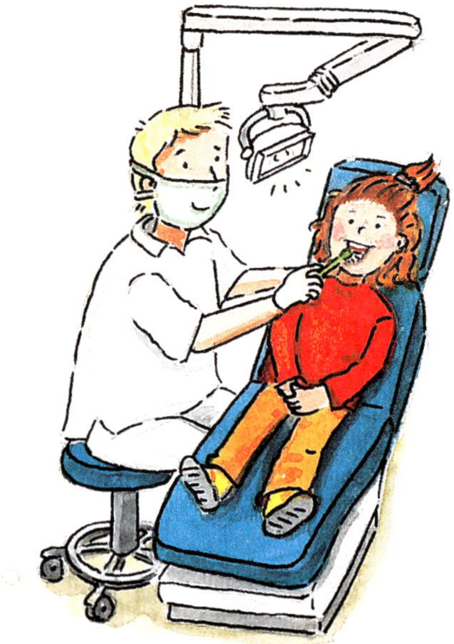

der Zahnarzt

der Reporter

die Friseurin

der Feuerwehrmann

der Pilot

der Astronaut

die Krankenschwester

der Polizist

der Bauer

Es gibt viele verschiedene Berufe. Hier sind einige abgebildet. Erzähle, wie die Berufe heißen und was die Menschen in ihren Berufen tun.

die Lehrerin

die Tänzerin

die Schneiderin

der Programmierer

der Maler

die Köchin

die Ärztin

der Bäcker

die Postbotin

die Tierärztin

Kennst du noch andere Berufe? Weißt du schon, was du später einmal werden möchtest?

Am Bahnhof

Ida, Tom und ihre Eltern verreisen mit dem Zug.
Sie haben ganz schön viel Gepäck dabei! Zähle doch mal die Taschen und Koffer.

Bist du auch schon einmal mit dem Zug gefahren?
Erzähle von deiner Reise.

Auf der Baustelle

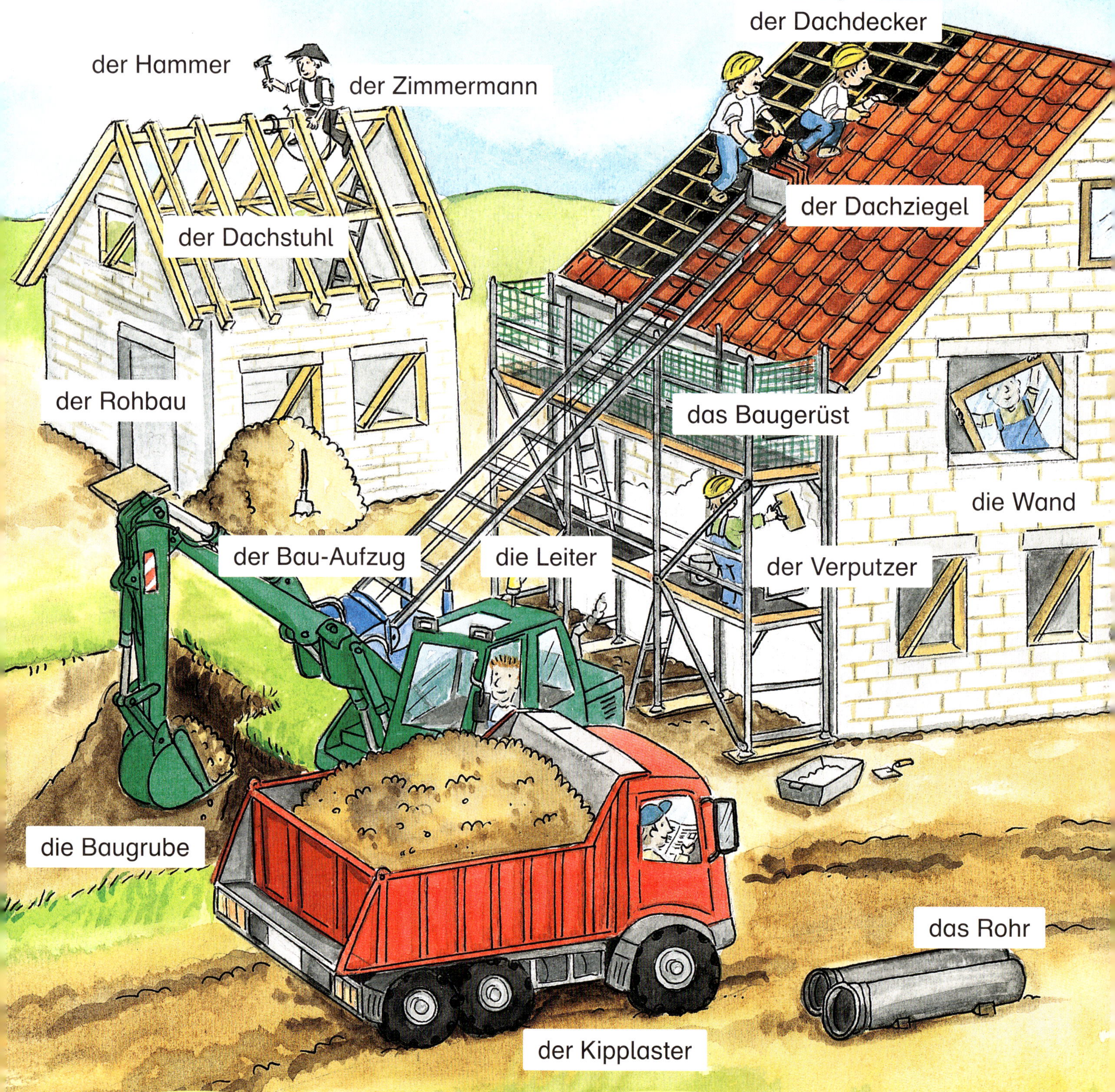

Hier ist viel los! An einem Haus bauen gleichzeitig viele verschiedene Bauarbeiter und Handwerker. Beschreibe, was jeder von ihnen gerade tut. Weißt du, wo die Arbeiter ihre Pause verbringen?

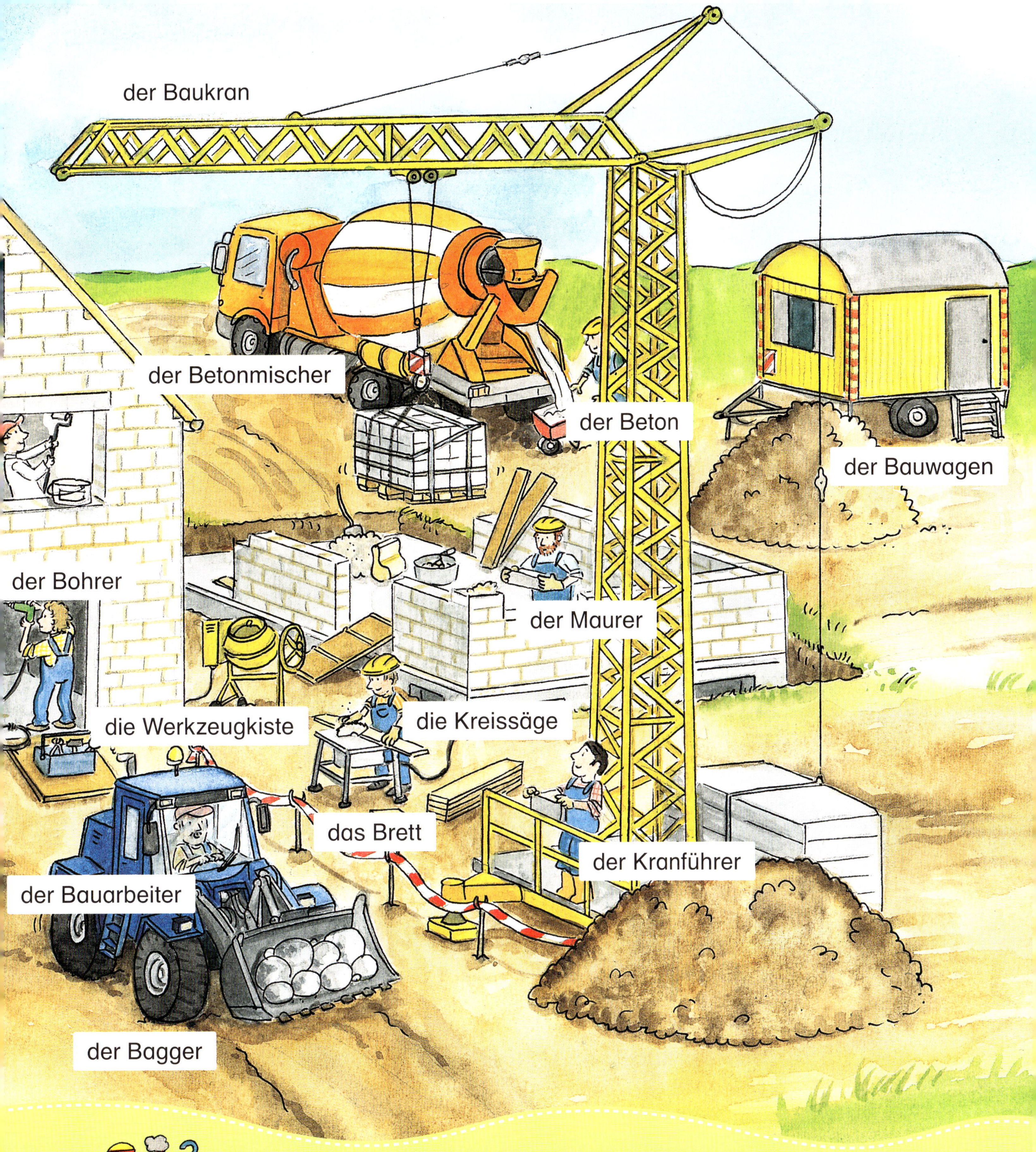

Vielleicht hast du ja auch schon einmal zugesehen, wie ein Haus entsteht. Jeder Handwerker auf einer Baustelle arbeitet mit speziellen Werkzeugen. Kennst du einige davon?

In der Stadt

Ida und Tom sind mit ihrer Mutter in der Stadt.
Erzähle, was die drei gerade tun. Welche Geschäfte siehst du?
Weißt du, was du dort kaufen kannst?

Lebst du in der Stadt oder auf dem Land?
Welche Stadt kennst du am besten?
Warst du schon einmal in einem Museum? Erzähle.

Was Ida und Tom tun

Ida und Tom spielen ein Spiel: Sie überlegen abwechselnd, was man alles tun kann, und machen es vor. Der andere muss raten. Weißt du, was sie machen?

Hast du auch Lust, das Spiel zu spielen? Suche dir einen Mitspieler und versuche es. Was hast du heute schon alles getan? Beginne mit dem Aufstehen und erzähle, was danach passiert ist.

Der erste Schultag

Heute ist der erste Schultag von Ida und Tom!
Gespannt hören sie zu, was die Lehrerin ihnen erzählt.
Erzähle, was du alles im Klassenzimmer siehst.

Der erste Schultag ist für alle Kinder und Eltern ein aufregender Tag.
Bestimmt weißt du schon, in welche Schule du gehen wirst.
Was wünschst du dir in deiner Schultüte?

Gegensätze

Groß oder klein? Viel oder wenig? Findest du noch mehr Gegensatzpaare auf dem Bild? Beschreibe, wie die einzelnen Menschen, Tiere und Dinge sind.

Findest du in deiner Umgebung auch Gegensatzpaare?
Bestimmt siehst du etwas, was klein oder groß ist!

Farben und Formen

rot

gelb

grün

blau

lila

orange

rosa

braun

schwarz

schwarz und weiß

bunt

rot und weiß

weiß

grau

So viele verschiedene Farben und Formen!
Welche davon kennst du schon? Erzähle.

das Quadrat

das Rechteck

das Dreieck

der Kreis

der Stern

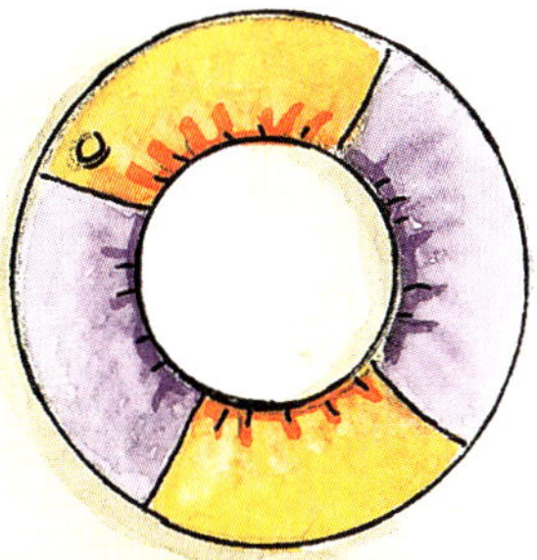

der Ring

die Raute

das Oval

das Herz

kariert

gestreift

gepunktet

Findest du in deiner Umgebung auch Dinge, die die Form eines Kreises, eines Rechtecks oder einer Raute haben?

Die Jahreszeiten

Das ist aber lustig: Alle vier Jahreszeiten siehst du hier in einem Bild!
Beschreibe, was Ida und Tom in der jeweiligen Jahreszeit tun.
Wo hat das Eichhörnchen seine Nüsse für den Winter versteckt?

Welche Jahreszeit magst du am liebsten? Male ein Bild von deiner Lieblingsjahreszeit.

Wörterliste

A
Abfahrt 39
abhören 33
Acker 21
Almhütte 28
Alphabet 47
alt 49
Ameise 24
Ameisenhaufen 24
Ampel 43
Amsel 17
Ananas 18
Anorak 35
Anspitzer 47
Anzeigetafel 39
Apfel 18
Apfelsaft 19
Apfelsine 18
Apotheke 42
Aprikose 18
Arm 31
Arzthelferin 32
Ärztin 37
Ast 24
Astronaut 37
Auge 30
Augenbraue 30
außen 48
Auto 7

B
Bäcker 37
Bäckerei 42
Backofen 10
Badeanzug 26
Badeente 14
Badehose 27
Bademantel 14
Badematte 14
Badeschwamm 14
Badesee 52
Badetuch 52
Badewanne 14
Bagger 41
Bahnhof 39
Bahnsteig 39
Balkon 6
Ball 13
Banane 18
Bank 17, 42
Bau-Aufzug 40
Bauarbeiter 41
Bauch 30
Bauchnabel 30
Bauchschmerzen 33
Bauer 20, 36
Bäuerin 21
Bauernhaus 20
Baugerüst 40
Baugrube 40
Bauklötze 13
Baukran 41
Baum 6
Baumstamm 24
Bauwagen 41
Beet 17
Bein 31
Berg 28
Berghang 28
Besen 10
Besteck 11
Beton 41
Betonmischer 41
Bettdecke 12
Beule 33
Biene 16
Bikini 27
Bild 9
Bilderbuch 12
Bilderrahmen 9
Birne 18
Blatt 24
blau 50
Bleistifte 47
Blumen 6
Blumenkasten 6
Blumenkohl 18
Blumenladen 43
Blumentopf 8
Blumenwiese 52
Bohrer 41
braun 50
Braunbär 23
Brett 41
Briefkasten 7
Brombeerstrauch 25
Brot 19
Bruder 5
Brust 30
Buch 9
Bücherregal 8
Buchhandlung 42
bunt 50
Buntstifte 46
Bürgersteig 42
Bus 42
Busch 16
Butter 19
Butterblume 24

C
CD 9
CD-Spieler 9
Cousin 4
Cousine 4
Creme 15

D
Dach 7
Dachdecker 40
Dachrinne 7
Dachstuhl 40
Dachziegel 40
Daumen 30
Decke 8
Delfin 23
dick 49
Dohle 29
Dorf 28
Dreieck 51
dünn 49
Dusche 14
Duschgel 14
Duschvorhang 14
DVD-Spieler 9

E
Edelweiß 29
Ehefrau 5
Ehemann 5
Ei 18
Eiche 25
Eichel 25
Eichhörnchen 24
Eimer 26
Eis essen 52
Eisbär 23
Eisverkäufer 27
Elefant 23
Ellbogen 30
Eltern 5
Ente 20
Erdbeere 18
Erde 16
Erwachsenen 5
essen 44
Eule 25

F
Fahrkartenautomat 38
Fahrplan 39
Fahrrad 7
Falter 24
Farn 24
Federmäppchen 46
Felsen 29
Felswand 29
Fenster 7
Fensterbrett 8
Fernbedienung 9
Fernseher 9
Ferse 31
Feuerwehrmann 36
Fieber 33
Fieberthermometer 33
Finger 30
Fips 4
Fisch 23

Flamingo 23
Flaschenpost 27
Fliegenpilz 25
Flusspferd 23
flüstern 44
Fohlen 21
Föhn 15
Frau 5
frieren 32
Friseurin 36
frostig 53
Frühling 52
Fuchs 25
Füller 47
Fuß 30
Fußball 6
Fußgelenk 30

G Gabel 10
Gämse 29
Gans 21
Garage 7
Garderobe 32
Gartenschere 17
Gartenschlauch 17
Gartenzaun 6
geben 45
Gehege 22
gelb 50
Gemüsegarten 20
Gepäckwagen 38
gepunktet 51
Geschirrtuch 10
geschlossen 48
gestreift 51
Gießkanne 17
Gipfel 28
Gipfelkreuz 29
Gips 32
Giraffe 22
Glas 11
glatt 48
Gleis 38
Gondel 28
Gorilla 23
grau 50
Graureiher 22
groß 49
Großmutter 4
Großvater 4
grün 50
Gummistiefel 34
Gurke 18
Gürtel 35

H Haarbürste 15
Haare 31
Hahn 21
Halbschuhe 34
Hals 30
Haltestelle 42
Hammer 40
Hand 31
Handschuhe 35
Handtuch 14
hart 49
Hase 24
hässlich 48
Hausnummer 7
Hausschuhe 34
Hecke 7
heiß 49
Heizkörper 13
Hemd 35
Henne 21
Herbst 53
Herd 10
Herz 51
Himbeerstrauch 25
hinten 49
Hirsch 25
Hirschhornkäfer 24
Hocker 15
Hofhund 20
Höhle 29
Holzbrett 11
Holzeisenbahn 12
Honig 19
Hose 34
Hosenbein 35
Hühnerstall 21
Hundehütte 20
Hundekorb 8
Hundenapf 11
hüpfen 45
Husten 33

I ICE 39
Ida 4
Igel 25
Inlineskates 7
innen 48

J Jacke 35
Jeans 35
Joghurt 19
Johannisbeerstrauch 16
jung 49
Junge 5

K Kaffeemaschine 10
Kakao 19
Kalb 20
Kalender 13
kalt 49
Kamel 22
Kamm 15
Känguru 22
Kappe 35
Kapuze 35
kariert 51
Karotte 18
Kartoffel 18
Käse 19
Kassettenrekorder 13
Katze 6
Kekse 19
Kerze 9
Kind 5
Kinder 5
Kinderärztin 33
Kipplaster 40
Kirche 42
Kirschbaum 17
Kissen 9
Klassenzimmer 47
Klebstoff 46
Kleid 34
Kleiderschrank 12
klein 49
klettern 45
Knie 30
Kniekehle 31
Knöchel 30
Knopf 34
Köchin 37
Koffer 38
Kommode 9
Kompost 20
Kopf 31
Kopfkissen 12
Korb 16
Kranführer 41
Krankenhaus 43
Krankenschwester 36
Krankenwagen 43
Krebs 27
Kreide 47
Kreis 51
Kreissäge 41
Krokodil 22
Kuchen 19
Küchenwaage 11
Kuckuck 24
Kuh 20
Kühlschrank 11
Küken 21
kurz 49

L lachen 44
Lamm 20
Lampe 9

Landkarte 47
lang 49
langsam 49
laut 49
leer 48
Lehrerin 37, 47
leise 48
Leiter 40
Lenkdrachen 27
Leopard 22
lesen 44
Leuchtturm 27
Lichtschalter 8
Liegestuhl 26
lila 50
Lineal 46
links 48
Lippe 30
Lkw 42
Löffel 10
Lokführerin 38
Lokomotive 38
Löwe 22
Löwenzahn 52
Luftmatratze 26

M Mädchen 5
malen 44
Maler 37
Mann 5
Mantel 34
Marmelade 19
Maurer 41
Maus 25
Medizin 33
Medizinschrank 33
Meer 26
Memo-Spiel 9
Messer 11
Mikrowelle 10
Milch 19
Mineralwasser 19
Mistgabel 21
Misthaufen 21
Mobile 13
Moos 24
Motorrad 42
Möwe 26
Müllauto 42
Mülleimer 10
Mülltonne 43
Mund 30
Murmeltier 28
Muschel 26
Museum 43
Müsli 19
Mutter 4
Mütze 35

N Nachthemd 34
Nachttisch 12
Nachttischlampe 12
Nagelschere 15
Narzisse 52
Nase 31
Nashorn 22
nass 49
nehmen 45
neu 49
Nudeln 18

O oben 48
Oberschenkel 30
offen 48
Ohr 30
Onkel 4
orange 50
Orangensaft 19
Orang-Utan 23
Osternest 52
Oval 51

P Papagei 22
Papierkorb 47
Paprika 18
Parkplatz 42
Pausenbrot 46
Pelikan 22
Pfanne 10
Pfau 22
Pferd 21
Pflanze 8
Pflaster 33
Pflaume 18
Pflug 21
Pfütze 53
Pilot 36
Pinguin 23
Pinsel 46
planschen 52
Po 31
Polizeiauto 43
Polizist 36
Pony 20
Postamt 42
Postbotin 37
Programmierer 37
Pullover 35
Pult 47
Puppe 12
Puppenherd 13
Puzzle 13

Q Quadrat 51
Qualle 27

R Radio 11
Rasen 16
Rasenmäher 16
rau 48
Raupe 16
Raute 51
Rechen 16
Rechteck 51
rechts 48
Regal 13
Regen 53
Regenbogen 53
Regenschirm 53
Regentonne 6
Regenwurm 17
Reh 24
Reis 18
Reisetasche 39
Reißverschluss 35
rennen 45
Reporter 36
Rinde 24
Ring 51
Robbe 22
Rock 34
Rohbau 40
Rohr 40
Roller 7
Rollo 11
rosa 50
Rose 17
rot 50
Rücken 31
Rucksack 28
rufen 44

S Salat 18
Sandalen 34
Sandburg 26
Sandkasten 16
Sandschaufel 26
sauber 49
Schaf 20
Schaffner 39
Schal 35
schaukeln 45
Schere 46
Schienbein 30
Schimpanse 23
Schlafanzug 35
schlafen 44
Schlitten fahren 53
Schlittschuh laufen 53
Schmetterling 16
Schmusetier 12
schmutzig 49
Schnecke 16
Schnee 53
Schneeball 53
Schneemann 53
Schneiderin 37
schnell 49
Schnorchel 26
Schnupfen 32
Schnürsenkel 35
Schokolade 19
schön 48
Schornstein 7
Schrank 11
schreiben 44
Schreibtisch 13
Schreibtischstuhl 13

Schubkarre 21
Schuhladen 42
Schüler 46
Schülerin 46
Schulranzen 46
Schulter 31
Schultüte 46
Schwamm 47
schwarz 50
Schwein 21
Schwester 5
Schwimmer 26
Schwimmflossen 26
Schwimmflügel 27
Schwimmreifen 26
See 28
Seestern 26
Segelboot 26
Seife 15
Seilbahn 28
Sessel 8
Shampoo 14
Shorts 35
Sieb 10
singen 44
sitzen 45
Sitzplatz 39
Sofa 8
Sofatisch 9
Sohn 5
Sommer 52
Sonne 7
Sonnenblume 17
Sonnenbrille 26
Sonnenhut 26
Sonnenschirm 6, 26
Spaten 17
Specht 25
Spiegel 15
Spielteppich 12
Spielzeugauto 12
Spielzeugkiste 12
Spinne 25
Spinnennetz 25
Sprechzimmer 33
springen 45
Spritze 33
Spüle 10
Spülmaschine 11
Spülung 15
Stachelschwein 22
Stall 21
Steckdose 9
stehen 45
Stein 29
Steinbock 29
Stern 51
Stethoskop 33
Stirn 32
Stockbett 12
Storch 22
Strand 27
Strandkorb 27
Strauch 6
Strauß 22
streicheln 45
Stroh 21
Strohballen 21
Strümpfe 34
Strumpfhose 34
Stuhl 10
stürmisch 53
Supermarkt 43
Sweatshirt 35

T
Tafel 47
Tal 28
Tankstelle 43
Tanne 7
Tante 4
Tänzerin 37
Taschentuch 32
Taube 6
Tee 19
Telefon 8
telefonieren 44
Teller 11
Teppich 9
Terrasse 6
Tierärztin 37
Tierpfleger 23
Tiger 22
Tischdecke 10
Toaster 11
Tochter 5
Toilette 15
Toilettenpapier 15
Tom 4
Tomate 18
Topf 10
Topflappen 11
tragen 45
Traktor 21
trinken 44
Trinkflasche 28
trocken 49
trösten 32
T-Shirt 34
Tulpe 52
Tunnel 28
Tür 7
Türklingel 7
Türklinke 8
Turnschuhe 35

U
Uhr 9
unten 48
Unterhemd 34
Unterhose 34

V
Vase 8
Vater 4
Verkehrsschild 42
Verputzer 40
viel 48
Vogelnest 52
voll 48
Vorhang 8
vorne 49

W
Wachsmalkreide 13
Waggon 39
Wand 40
Wanderschuhe 29
Wanderstock 29
Wange 31
warm 52
Wärmflasche 33
Wartezimmer 32
Waschbecken 15
Wäschekorb 14
Waschlappen 14
Wasser 26
Wasserball 27
Wasserfall 29
Wasserhahn 10
Wecker 13
Weg 28
weich 49
Weide 20
weinen 44
Weintrauben 18
weiß 50
wenig 48
Wekzeugkiste 41
Wildschwein 24
Wimpern 31
Windsurfer 26
winken 45
Winter 53
Wolf 22
Wolke 53
Wunde 32
Wurst 19
Wurzel 24

Z
Zahnarzt 36
Zahnbürste 15
Zähne 30
Zahnpasta 15
Zahnputzbecher 15
Zäpfchen 33
Zapfsäule 43
Zebra 22
Zebrastreifen 42
Zehe 30
zeigen 45
Zeitschrift 9
Zeitung 8
Ziege 20
Zimmermann 40
Zimmertür 8
Zitrone 18
Zug 39
Zweig 24